中华人民共和国推荐性行业标准

公路交通应急装备物资储备中心技术规范

Technical Specifications of Highway Emergency Equipment and Supply Reserve Center

JTG/T 6420—2024

主编单位：北京新桥技术发展有限公司
批准部门：中华人民共和国交通运输部
实施日期：2024 年 06 月 01 日

人民交通出版社
北 京

律师声明

本书所有文字、数据、图像、版式设计、插图等均受中华人民共和国宪法和著作权法保护。未经人民交通出版社同意，任何单位、组织、个人不得以任何方式对本作品进行全部或局部的复制、转载、出版或变相出版。

本书扉页前加印有人民交通出版社专用防伪纸。任何侵犯本书权益的行为，人民交通出版社将依法追究其法律责任。

有奖举报电话：(010) 85285150

北京市星河律师事务所
2020 年 6 月 30 日

图书在版编目（CIP）数据

公路交通应急装备物资储备中心技术规范 / 北京新桥技术发展有限公司主编. — 北京：人民交通出版社股份有限公司, 2024.3
ISBN 978-7-114-19437-5

Ⅰ. ①公⋯　Ⅱ. ①北⋯　Ⅲ. ①道路运输—突发事件—应急对策—装备—技术规范　Ⅳ. ①U491.31-65

中国国家版本馆 CIP 数据核字（2024）第 049348 号

标准类型：中华人民共和国推荐性行业标准
标准名称：公路交通应急装备物资储备中心技术规范
标准编号：JTG/T 6420—2024
主编单位：北京新桥技术发展有限公司
责任编辑：丁　遥
责任校对：赵媛媛　魏佳宁
责任印制：刘高彤
出版发行：人民交通出版社
地　　址：(100011) 北京市朝阳区安定门外外馆斜街 3 号
网　　址：http://www.ccpcl.com.cn
销售电话：(010)59757973
总 经 销：人民交通出版社发行部
经　　销：各地新华书店
印　　刷：北京市密东印刷有限公司
开　　本：880×1230　1/16
印　　张：2.25
字　　数：48 千
版　　次：2024 年 3 月　第 1 版
印　　次：2024 年 3 月　第 1 次印刷
书　　号：ISBN 978-7-114-19437-5
定　　价：20.00 元

（有印刷、装订质量问题的图书，由本社负责调换）

中华人民共和国交通运输部

公　告

第 16 号

交通运输部关于发布《公路交通应急装备物资储备中心技术规范》的公告

现发布《公路交通应急装备物资储备中心技术规范》（JTG/T 6420—2024），作为公路工程推荐性行业标准，自 2024 年 6 月 1 日起施行。

《公路交通应急装备物资储备中心技术规范》（JTG/T 6420—2024）的管理权和解释权归交通运输部，日常管理工作由主编单位北京新桥技术发展有限公司负责。

请各有关单位注意在实践中总结经验，及时将发现的问题和修改建议函告北京新桥技术发展有限公司（地址：北京海淀区西土城路 8 号，邮政编码：100080）。

特此公告。

中华人民共和国交通运输部

2024 年 3 月 1 日

交通运输部办公厅	2024 年 3 月 4 日印发

前 言

根据《交通运输部关于下达2021年度公路工程行业标准制修订项目计划的通知》(交公路函〔2021〕309号)的要求,由北京新桥技术发展有限公司承担《公路交通应急装备物资储备中心技术规范》(以下简称"本规范")的制定工作。

本规范在调研、总结公路交通应急装备物资储备中心建设经验和科研成果的基础上,以保障公路网运行通畅、服务人民群众安全便捷出行为目标,以提升公路交通应急处置效率为突破方向,对公路交通应急装备物资储备中心的建设内容、建设规模以及应急装备、应急物资的储备管理等提出具体要求。

本规范共分为8章和3个附录,分别是:1 总则、2 术语、3 基本规定、4 建设规模、5 建设选址与总平面布局、6 建筑工程、7 应急装备与应急物资、8 运营维护,附录A 国家区域性公路交通应急装备物资储备中心形象标识样式及主要参数、附录B 省级公路交通应急装备物资储备中心形象标识样式及主要参数、附录C 国家区域性公路交通应急装备物资储备中心主要应急装备关键参考参数。

本规范由赵之杰负责起草第1章,赵美玲、周炜负责起草第2章,王萌菲、虞丽云、李炳林负责起草第3章,孔汇川、吴晓龙负责起草第4章,孔汇川、刘晗负责起草第5章,王岱岳、须同华负责起草第6章,王萌菲、周军波、崔吉胜负责起草第7章,王萌菲负责起草第8章,王萌菲、尹曦辉负责起草附录A,黄一晨、樊冬梅负责起草附录B,孔汇川、周军波、崔吉胜负责起草附录C。

请各有关单位在执行过程中,将发现的问题和意见,函告本规范日常管理组,联系人:王萌菲(地址:北京海淀区西土城路8号;邮编:100088;电话及传真:010-62079172;邮箱:xqzcyjzx@163.com),以便修订时参考。

主 编 单 位:北京新桥技术发展有限公司
参 编 单 位:交通运输部路网监测与应急处置中心
　　　　　　　中国船舶重工集团应急预警与救援装备股份有限公司
　　　　　　　徐工集团工程机械股份有限公司道路机械分公司
　　　　　　　浙江数智交院科技股份有限公司
　　　　　　　煤炭科学研究总院应急科学研究院
　　　　　　　交通运输部公路科学研究院

主　　　编：赵之杰
主要参编人员：王萌菲　须同华　王岱岳　孔汇川　赵美玲　虞丽云
　　　　　　　周军波　崔吉胜　刘　晗　周　炜　尹曦辉　李炳林
　　　　　　　樊冬梅　吴晓龙　黄一晨

主　　　审：丁　峰
参与审查人员：郭　胜　杨　亮　张慧彧　蔡小秋　王增贤　周　超
　　　　　　　李春风　徐华兴　夏一峰　闵剑勇　刁克民　王宇舟
　　　　　　　祖熙宇　陆新民　李振华

参 加 单 位：长安大学
　　　　　　　同济大学
　　　　　　　中国安全生产科学研究院
　　　　　　　四川省公路交通应急装备物资储备中心
参 加 人 员：戴熙桐　孙小琪　杨　峰　王建伟　傅　挺　折　欣
　　　　　　　刘　剑　袁顺山　张恒通　张圣忠　付　鑫　刘啸晨

目　次

1 总则 …… 1
2 术语 …… 2
3 基本规定 …………………………………………………………………………………………………… 3
4 建设规模 …………………………………………………………………………………………………… 5
　4.1 建设项目 ……………………………………………………………………………………………… 5
　4.2 项目规模 ……………………………………………………………………………………………… 5
5 建设选址与总平面布局 …………………………………………………………………………………… 9
　5.1 建设选址 ……………………………………………………………………………………………… 9
　5.2 总平面布局 …………………………………………………………………………………………… 10
6 建筑工程 …………………………………………………………………………………………………… 12
　6.1 建筑设计 ……………………………………………………………………………………………… 12
　6.2 设备设施 ……………………………………………………………………………………………… 13
　6.3 验收 …………………………………………………………………………………………………… 14
7 应急装备与应急物资 ……………………………………………………………………………………… 15
　7.1 一般规定 ……………………………………………………………………………………………… 15
　7.2 配置种类 ……………………………………………………………………………………………… 16
　7.3 配置数量 ……………………………………………………………………………………………… 19
8 运营维护 …………………………………………………………………………………………………… 20
附录 A　国家区域性公路交通应急装备物资储备中心形象标识样式及主要参数 …… 22
附录 B　省级公路交通应急装备物资储备中心形象标识样式及主要参数 …………… 23
附录 C　国家区域性公路交通应急装备物资储备中心主要应急装备关键参考参数 …… 24
本规范用词用语说明 ………………………………………………………………………………………… 26

1　总则

1.0.1　为规范与指导公路交通应急装备物资储备中心建设维护，提高公路交通应急保障能力和应急处置效率，制定本规范。

1.0.2　本规范适用于公路交通应急装备物资储备中心的新建、改扩建和运营维护。

1.0.3　公路交通应急装备物资储备体系应布局合理、规模适当、功能完备，符合公路交通突发事件的分布特点及应急处置保障需求。

1.0.4　公路交通应急装备物资储备中心建设维护应符合所在地区的交通运输发展和城乡建设等相关要求，近远结合、协调发展。

1.0.5　公路交通应急装备物资储备中心建设维护应遵循安全可靠、节约资源、保护环境、因地制宜的原则，做到安全、适用、绿色、经济。

1.0.6　公路交通应急装备物资储备中心建设维护除应符合本规范的规定外，尚应符合国家和行业现行有关强制性标准的规定。

2 术语

2.0.1 公路交通应急装备物资储备中心　highway emergency equipment and supply reserve center

为应对公路交通突发事件所建设，储备相关应急装备及应急物资，经拓展具备应急演练培训和应急管理功能的基地。

2.0.2 公路交通突发事件　emergency event of highway

由自然灾害等原因引发，造成或者可能造成公路交通运行中断，需要及时进行抢修抢通、恢复通行能力的紧急事件。

2.0.3 应急装备　emergency equipment

为满足公路交通突发事件应急处置需要所配备的专业应急设备、机械、车辆或仪器、器材（具）。

2.0.4 应急物资　emergency supply

为满足公路交通突发事件处置需要所配备的物资。

2.0.5 应急演练　emergency exercise

模拟公路交通突发事件情景，根据应急预案开展的演习和训练活动。

2.0.6 公路交通应急装备物资管理系统　highway emergency equipment and supply management system

利用现代信息技术，对应急装备和应急物资以及相关人员进行综合管理，从而为公路交通应急装备物资储备中心的整体运行以及应急处置调度提供管理服务的信息系统。

3 基本规定

3.0.1 公路交通应急装备物资储备中心应能够为辐射区域内公路交通突发事件的应急处置提供保障。

3.0.2 公路交通突发事件应按照性质类型、严重程度、可控性和影响范围等因素分为Ⅰ级、Ⅱ级、Ⅲ级和Ⅳ级四个等级。

条文说明

根据《交通运输部关于印发〈交通运输综合应急预案〉等 7 项突发事件应急预案的通知》（交应急发〔2017〕135 号）的规定，公路交通突发事件按照性质类型、严重程度、可控性和影响范围等因素分为四个等级：Ⅰ级（特别重大）、Ⅱ级（重大）、Ⅲ级（较大）和Ⅳ级（一般）。

3.0.3 公路交通应急装备物资储备中心包括国家区域性、省级和地市级三级。国家区域性公路交通应急装备物资储备中心包括基本型和增强型两类。

条文说明

根据《交通运输部关于印发〈交通运输综合应急预案〉等 7 项突发事件应急预案的通知》（交应急发〔2017〕135 号）的规定，公路交通应急装备物资储备体系由国家、省、市三级公路交通应急装备物资储备中心构成。因此，本规范重点明确国家区域性、省级和地市级公路交通应急装备物资储备中心的技术要求。县级公路交通应急装备物资储备站点或其他类型应急装备物资储备站点，根据其功能定位参照执行。

3.0.4 公路交通应急装备物资储备体系应根据辐射区域内的公路交通突发事件分布特点、公路网结构特点、经济发展情况，以及已有应急救援力量分布情况等因素进行布局规划。

3.0.5 基本型国家区域性公路交通应急装备物资储备中心应能够为辐射区域内Ⅰ级公路交通突发事件的应急处置提供保障，配置必备的、应急处置能力强、多功能、大型、专业（特种）应急装备和必需的应急物资。

3.0.6 增强型国家区域性公路交通应急装备物资储备中心应符合本规范第 3.0.5 条的有关规定，并应在装备科研、超大型装备配备、专业队伍建设、专项演练等方面具备相应功能。

条文说明

增强型国家区域性公路交通应急装备物资储备中心的增强功能，包括公路交通新型应急装备研发及应急抢险实战验证、超大型装备配备、公路应急队伍培训及应急抢险实战训练、桥梁隧道突发事件应急处置训练等功能。

3.0.7 省级、地市级公路交通应急装备物资储备中心应能够为辐射区域内Ⅱ级、Ⅲ级公路交通突发事件的应急处置提供保障，配置必备的应急装备和应急物资。

3.0.8 公路交通应急装备物资储备中心应配备综合素质高、应急处置经验丰富的管理人员和装备操作等专业技术人员，人员数量应满足工作需求；宜配备应急装配维修、保养人员，可采用市场化模式建立维修保养队伍。

4 建设规模

4.1 建设项目

4.1.1 公路交通应急装备物资储备中心的主要建设项目应包括仓储用房、应急演练场地以及配套用房,并应符合表 4.1.1 的规定。

表 4.1.1 主要建设项目

分级	仓储用房	应急演练场地	配套用房
国家区域性	▲	▲	▲
省级	▲	●	▲
地市级	▲	○	▲

注:"▲"表示应建设,"●"表示宜建设,"○"表示可建设。

4.1.2 仓储用房应包括应急装备库和应急物资库。

4.1.3 应急演练场地应具备模拟公路交通突发事件应急处置场景的条件。

4.1.4 配套用房应包括应急装备维修保养厂房以及供技术管理人员训练、指挥调度等生产生活用房,并应根据实际需求建设。

4.2 项目规模

4.2.1 公路交通应急装备物资储备中心的建设规模应由所需的各类建筑和场地面积确定。建筑和场地应能满足应急装备和应急物资储备、应急演练培训等需求,相关配套用房应能满足日常工作的需求。

4.2.2 仓储用房建筑面积宜按表 4.2.2 取值。

表 4.2.2 仓储用房建筑面积(m^2)

分级		西部	中部	东部
国家区域性	增强型	15 000	12 000	12 000
	基本型	12 000	10 000	10 000

续表 4.2.2

分级	西部	中部	东部
省级	6 000	5 000	4 000
地市级	3 500	3 000	2 800

条文说明

西部、中部、东部的划分方式参照全国公路养护统计年报。其中，西部地区包括内蒙古、广西、重庆、四川、贵州、云南、西藏、陕西、甘肃、青海、宁夏、新疆（含新疆生产建设兵团），中部地区包括山西、吉林、黑龙江、安徽、江西、河南、湖北、湖南，东部地区包括北京、天津、河北、辽宁、上海、江苏、浙江、福建、山东、广东、海南。

仓储用房建筑面积包括应急装备库和应急物资库建筑面积，应急装备库建筑面积按式（4-1）测算，应急物资库建筑面积按式（4-2）测算。一是充分考虑储备库的建筑特点、设计经验及技术统计资料。二是参照和借鉴其他相关建设标准，如《救灾物资储备库建设标准》（建标121—2009）规定"库房建筑面积=库房使用面积/库房使用面积系数"，"库房使用面积=（储备物资总量/单位面积物资堆放数量）/库房堆放面积系数"，其中库房堆放面积系数取0.6，库房使用面积系数取0.9。三是实地调研、测算和论证。

$$A_1 = \frac{\sum_{i=1}^{n}(N_i \times P_i)/R_1}{K} \tag{4-1}$$

$$A_2 = \frac{M/m/R_2}{K} \tag{4-2}$$

式中：A_1——应急装备库建筑面积（m^2）；

A_2——应急物资库建筑面积（m^2）；

N_i——第 i 种装备的储备数量；

P_i——第 i 种装备的投影面积（m^2）；

R_1——装备存放利用面积系数，取0.3；

M——储备物资总量；

m——单位面积物资堆放数量；

R_2——库房堆放面积系数，取0.6；

K——库房使用面积系数，取0.9。

4.2.3 应急演练场地面积宜按表4.2.3取值。

表 4.2.3 应急演练场地面积（m²）

分级		西部	中部	东部
国家区域性	增强型	18 000	15 000	15 000
	基本型	15 000	14 000	13 000
省级		—	—	—
地市级		—	—	—

注："—"表示不作要求。

4.2.4 配套用房建筑面积应根据应急装备维修保养以及技术管理人员训练、生产生活等需求确定。

4.2.5 公路交通应急装备物资储备中心与其他设施合址建设时，其建筑面积应根据实际需要确定并单独计列。

4.2.6 公路交通应急装备物资储备中心的建设用地指标宜按表 4.2.6 取值。

表 4.2.6 建设用地指标（亩）

分级		西部	中部	东部
国家区域性	增强型	130	105	105
	基本型	110	100	90
省级		50	45	40
地市级		35	30	25

注：1 亩≈666.6m²。

条文说明

公路交通应急装备物资储备中心的建设用地指标主要根据仓储用房建筑面积、应急演练场地面积、容积率等测算确定。

4.2.7 辐射区域内重大灾害种类多或易发频发的，有特殊功能定位的，以及需要配置超大型、特种应急装备的，公路交通应急装备物资储备中心的仓储用房建筑面积、应急演练场地面积以及建设用地指标宜按表 4.2.7 中的系数进行调整。

表 4.2.7 调整系数

内容	西部	中部	东部
仓储用房建筑面积	1.3～1.5	1.2～1.5	1.2～1.4
应急演练场地面积	1.3～1.6	1.2～1.5	1.2～1.4
建设用地指标	1.3～1.6	1.2～1.6	1.2～1.6

4.2.8 辐射区域内重大灾害种类单一并且发生频次低的，土地条件受限并且已有应急处置力量完善的，公路交通应急装备物资储备中心的仓储用房建筑面积、应急演练场地面积以及建设用地指标可按表4.2.8中的系数进行调整。

表 4.2.8 调整系数

内容	西部	中部	东部
仓储用房建筑面积	0.9~1.0	0.9~1.0	0.8~1.0
应急演练场地面积	0.8~1.0	0.6~1.0	0.6~1.0
建设用地指标	0.9~1.0	0.7~1.0	0.6~1.0

5 建设选址与总平面布局

5.1 建设选址

5.1.1 国家区域性公路交通应急装备物资储备中心应单独建设。省级公路交通应急装备物资储备中心宜单独建设，可利用现有公路交通养护设施、服务设施以及物资供应设施等进行改造建设。地市级公路交通应急装备物资储备中心可与现有设施合并建设。

5.1.2 公路交通应急装备物资储备中心选址，应根据辐射区域范围以及应急装备和应急物资的调运设计时间确定。应急装备和应急物资的调运设计时间宜符合表5.1.2的规定。

表 5.1.2 应急装备和应急物资的调运设计时间（h）

分级	特殊情况	西部	中部	东部
国家区域性	≤12	≤10	≤8	≤8
省级	≤8	≤6	≤6	≤6
地市级	≤5	≤3	≤3	≤3

注：表中调运设计时间仅用于公路交通应急装备物资储备中心规划选址时参考。

5.1.3 条件受限时，公路交通应急装备物资储备中心仓储用房、应急演练场地等可分开建设，根据应急处置需求多点选址。

5.1.4 公路交通应急装备物资储备中心应设置在交通运输便利的地段，并应符合下列规定：
1 国家区域性公路交通应急装备物资储备中心宜靠近高速公路，条件受限时应靠近普通国省干线公路，可具备直升飞机起降条件。
2 省级公路交通应急装备物资储备中心应靠近干线公路，可具备直升飞机起降条件。
3 地市级公路交通应急装备物资储备中心宜靠近干线公路。

5.1.5 公路交通应急装备物资储备中心应设置在工程地质和水文地质条件较好的地段。

5.1.6 公路交通应急装备物资储备中心宜设置在市政基础设施较完善，电力、通信、给排水容易解决的地段。

5.1.7 公路交通应急装备物资储备中心与危险化学品或易燃易爆品等危险源的距离，应符合有关安全规定。

5.2 总平面布局

5.2.1 公路交通应急装备物资储备中心总平面布置应做到功能完善、分区明确、布局合理。

5.2.2 建筑物应根据功能特点进行分区建设。仓储用房宜靠近出入口，应急装备维修保养厂房、应急演练场地宜与仓储用房毗邻。

5.2.3 建筑之间的间距应满足交通组织要求，并应符合现行《建筑设计防火规范》（GB 50016）的有关规定。

5.2.4 公路交通应急装备物资储备中心场地内交通组织应安全、便捷、顺畅，并应符合下列规定：
　1　建筑物、内部道路、地面停车场应满足应急装备和应急物资运输车辆转弯半径的要求。
　2　国家区域性和省级公路交通应急装备物资储备中心内部道路应双向通行，并具备大型应急装备双向通行的条件。
　3　地市级公路交通应急装备物资储备中心内部道路宜双向通行。
　4　出入口应满足应急装备和应急物资运输快速进出的要求。

5.2.5 公路交通应急装备物资储备中心与场地外道路应接入良好，保证特种设备及大型设备的正常通行。

5.2.6 公路交通应急装备物资储备中心的应急演练场地、内部道路、地面停车场等场地的竖向设计，应与周边道路、排水系统的高程相协调。

5.2.7 公路交通应急装备物资储备中心宜设置相关指引标志和内部道路标线，标志和标线设计应符合现行《道路交通标志和标线》（GB 5768）、《公路交通标志和标线设置规范》（JTG D82）的规定。

5.2.8 国家区域性公路交通应急装备物资储备中心应在建筑物或场地其他易识别位

置设置统一的形象标识，形象标识的样式、颜色、文字、尺寸规格等应符合本规范附录A的规定。省级、地市级公路交通应急装备物资储备中心可按照本规范附录B设置形象标识。

条文说明

形象标识的应用场景包括建筑物、应急装备、应急物资、办公用品等，具体尺寸规格根据应用场景进行等比例缩放。

6 建筑工程

6.1 建筑设计

6.1.1 公路交通应急装备物资储备中心的各项建筑应根据其功能定位设计，建筑结构应坚固耐久、防灾抗震能力强，建筑外观宜简洁。

6.1.2 公路交通应急装备物资储备中心应根据实际需求选择合适的建筑结构形式。仓储用房的建筑结构形式应满足应急装备和应急物资的储备管理、快速调运等需求。

6.1.3 公路交通应急装备物资储备中心的内部道路及场地应满足应急装备的使用、维护等要求。

6.1.4 仓储用房、应急装备维修保养厂房宜为单层建筑。应急装备库、应急装备维修保养厂房净高不宜低于8m，应急物资库净高不宜低于6m。

条文说明

应急装备库、应急装备维修保养厂房要确保各类大型装备进出仓库方便，国家区域性、省级公路交通应急装备物资储备中心储备的多为大型、超大型装备，通过调研装备规格尺寸，同时考虑装备组装、拆卸、搬运等高度要求，确定应急装备库、应急装备维修保养厂房净高不宜低于8m。另外，应急装备库、应急装备维修保养厂房必要时将配备桥架型起重机等起重设施，此时其净高设计还要考虑预留相应的高度及空间。应急物资库净高参考借鉴其他标准，例如《救灾物资储备库建设标准》（建标121—2009）规定救灾物资储备库库房净高不应低于6m，《森林防火物资储备库工程项目建设标准》（建标122—2009）规定单层森林防护物资储备的净高不应低于6m且不超过9m。

6.1.5 公路交通应急装备物资储备中心的各项建筑结构设计使用年限应符合现行《工程结构通用规范》（GB 55001）的有关规定。建筑结构安全等级不应低于二级。

6.1.6 公路交通应急装备物资储备中心的各项建筑抗震设防应符合现行《建筑与市政工程抗震通用规范》（GB 55002）的有关规定，按重点设防类建筑设防。

6.1.7 公路交通应急装备物资储备中心的防火设计应符合现行《建筑设计防火规范》（GB 50016）的有关规定。建筑耐火等级不应低于二级。

条文说明

《建筑设计防火规范》（GB 50016—2014）（2018年版）规定，仓库和民用建筑的耐火等级可分为一、二、三、四级。其中高架仓库、高层仓库、甲类仓库、多层乙类仓库和储存可燃液体的多层丙类仓库，其耐火等级不应低于二级；单层乙类仓库、单层丙类仓库、储存可燃固体的多层丙类仓库和多层丁、戊类仓库，其耐火等级不应低于三级；地下或半地下建筑（室）和一类高层建筑的耐火等级不应低于一级，单、多层重要公共建筑和二类高层建筑的耐火等级不应低于二级。

6.1.8 应急装备库和应急物资库应进行保温、防潮、防水、防腐蚀设计。

6.1.9 公路交通应急装备物资储备中心的各项建筑防雷设计应符合现行《建筑物防雷设计规范》（GB 50057）的有关规定。

6.1.10 公路交通应急装备物资储备中心的各项建筑宜进行节能设计，降低建筑碳排放。

6.2 设备设施

6.2.1 给水宜采用市政水；无法利用市政管网时，可采用自备深井取用地下水。

6.2.2 排水应遵循雨污分流的原则，排入市政雨污水管网；无法利用市政管网时，应对雨污水做相应处理。防洪、防涝排水应根据地形及城市防洪、防涝规划确定流向，采用合理的排水方式。

6.2.3 供电设施应满足正常照明和相关机械设备用电需求。公路交通应急装备物资储备中心应配置应急发电设施，保障应急状态下正常作业用电需求。

6.2.4 用电负荷分级及供电要求应符合现行《供配电系统设计规范》（GB 50052）、《民用建筑电气设计标准》（GB 51348）的规定。

6.2.5 室外场地可根据需要设置应急照明设备，保障正常作业照明要求。

6.2.6 国家区域性、省级公路交通应急装备物资储备中心可根据需要采取供暖措施，确保应急装备正常运行。

6.2.7 仓储用房、应急装备维修保养厂房应具备良好的通风条件。自然通风无法满足要求时，应配备相应的机械通风设施。

6.2.8 国家区域性、省级公路交通应急装备物资储备中心宜配备桥架型起重机。

6.2.9 公路交通应急装备物资储备中心应设置火灾自动报警、视频安防监控、入侵报警、出入口控制等公共安全系统。

6.3 验收

6.3.1 公路交通应急装备物资储备中心的各项建筑投入使用前应验收通过。

7 应急装备与应急物资

7.1 一般规定

7.1.1 应急装备应包括应急处置装备、工程机械装备和后勤保障装备，应急物资应包括人员防护物资、生活保障物资、作业辅助物资。

7.1.2 应急装备和应急物资种类宜按表 7.1.2 的规定选择。

表 7.1.2 应急装备和应急物资种类

类别		种别
应急处置装备	桥梁装备	应急机械化桥、应急模块化桥、应急动力舟桥、装配式钢桥、水陆两用桥、钢桥架设车
	除冰雪装备	抛雪机、吹雪车、多功能破冰除雪车、除冰机、除雪犁/铲
	侦察装备	固定翼无人机、多旋翼无人机、地面侦察设备
	排水装备	大功率移动式排水泵（车）、高扬程移动式排水泵（车）
	多功能救援装备	履带式全地形抢险救援工程车、多功能破障装备、应急机动路面、冲锋舟、动力皮划艇、多功能应急工具车、消防灭火装备、破碎锤/钳/镐
	通信指挥装备	应急通信车、应急通信指挥方舱、单兵应急通信装备、卫星电话、北斗手持/车载终端
工程机械装备	土方装备	常规挖掘机、步履式挖掘机、长臂挖掘机、装载机、推土机
	起重装备	汽车起重机、履带起重机、轮胎起重机、随车起重机、全地面起重机
	运输装备	自卸汽车、平板运输车、高空作业车、应急通勤车
后勤保障装备	发电装备	电源配电车、发电机组
	照明装备	移动照明设备、应急照明高杆设备
	生活保障装备	净水车、宿营车、炊事车
	油料保障装备	应急加油车
	维修保障装备	应急维修车
应急物资	人员防护物资	头盔、手套、防坠落装备、救生包、救生衣、雨衣、反光服、棉衣
	生活保障物资	帐篷、睡袋、棉被、储水囊、净水器
	作业辅助物资	融雪剂、防滑料、防滑链、编织袋、水泥、砂石、施工现场标志、手电筒

注：未列入表中的应急装备和应急物资种类，可视实际情况配置。

7.1.3 应急装备应功能适用、环境适应、作业安全可靠，主要功能应符合表 7.1.3 的规定。

表 7.1.3 应急装备主要功能

类别	主要功能
应急处置装备	越障、排水、除沙、除雪、除冰、破碎、侦察搜救、通信指挥
工程机械装备	平整、压实、推土、挖掘、铲运、装载、起重、吊装、运输
后勤保障装备	照明、发电以及生活保障、油料保障、维修保障

条文说明

应急装备的功能要符合应急处置任务类型，适应处置现场的气候、地形、海拔、土质、场地大小、运输距离等要求，并具备相应安全防护功能。

7.1.4 国家区域性公路交通应急装备物资储备中心的应急装备性能应满足各类公路交通突发事件的应急处置需求，主要应急装备的性能宜符合本规范附录 C 的规定。省级、地市级公路交通应急装备物资储备中心的主要应急装备性能可参照本规范附录 C 确定。

7.1.5 公路交通应急装备物资储备中心宜储备智能化、轻型化、模块化应急装备。国家区域性公路交通应急装备物资储备中心具备条件的应急装备应配备支持北斗卫星导航系统的定位设备，省级、地市级公路交通应急装备物资储备中心具备条件的应急装备可根据需要配备。

7.1.6 应急装备和应急物资宜采用实物储备、协议储备、生产能力储备等多种方式，建立多样化储备模式。

条文说明

实物储备是储备一些必要、专用、使用频率高的应急装备和应急物资，以及社会征用困难的特种装备等；协议储备是通过签订长期紧急供货协议、紧急征用合同的方式与建设、养护等企业签订储备合同，将企业的装备物资纳入储备体系；生产能力储备是选定装备物资生产企业作为储备企业，由企业保有一定富余生产能力，应急处置时根据需要短时间内迅速恢复生产能力。

7.2 配置种类

7.2.1 公路交通应急装备物资储备中心应根据辐射区域内公路交通突发事件类型确

定应急装备和应急物资配置种类。

7.2.2 国家区域性公路交通应急装备物资储备中心的应急装备和应急物资配置类别应符合本规范第 3.0.5 条的有关规定，并应符合表 7.2.2 的规定。

表 7.2.2　国家区域性公路交通应急装备物资储备中心应急装备和应急物资配置类别

类别			西部	中部	东部
应急装备	应急处置装备	桥梁装备	▲	▲	▲
		除冰雪装备	▲	▲	▲
		侦察装备	▲	▲	▲
		排水装备	▲	▲	▲
		多功能救援装备	▲	▲	▲
		通信指挥装备	▲	▲	▲
	工程机械装备	土方装备	▲	▲	▲
		起重装备	▲	▲	▲
		运输装备	▲	▲	●
	后勤保障装备	发电装备	▲	▲	▲
		照明装备	▲	▲	▲
		生活保障装备	●	●	●
		油料保障装备	○	○	○
		维修保障装备	●	●	●
应急物资	人员防护物资		▲	▲	▲
	生活保障物资		▲	▲	▲
	作业辅助物资		▲	▲	▲

注："▲"表示应配置，"●"表示宜配置，"○"表示可配置。

7.2.3 省级公路交通应急装备物资储备中心的应急装备和应急物资配置类别应符合本规范第 3.0.7 条的有关规定，并应符合表 7.2.3 的规定。

表 7.2.3　省级公路交通应急装备物资储备中心应急装备和应急物资配置类别

类别			西部	中部	东部
应急装备	应急处置装备	桥梁装备	●	●	●
		除冰雪装备	▲	▲	●
		侦察装备	●	○	○
		排水装备	▲	▲	▲
		多功能救援装备	●	○	○
		通信指挥装备	●	●	●

续表7.2.3

类别			西部	中部	东部
应急装备	工程机械装备	土方装备	●	●	●
		起重装备	●	●	●
		运输装备	●	●	●
	后勤保障装备	发电装备	▲	▲	▲
		照明装备	●	●	●
		生活保障装备	○	○	○
		油料保障装备	○	○	○
		维修保障装备	○	○	○
应急物资		人员防护物资	▲	▲	▲
		生活保障物资	▲	▲	▲
		作业辅助物资	▲	▲	▲

注："▲"表示应配置，"●"表示宜配置，"○"表示可配置。

7.2.4 地市级公路交通应急装备物资储备中心的应急装备和应急物资配置类别应符合本规范第3.0.7条的有关规定，并应符合表7.2.4的规定。

表7.2.4 地市级公路交通应急装备物资储备中心应急装备和应急物资配置类别

类别			西部	中部	东部
应急装备	应急处置装备	桥梁装备	●	●	●
		除冰雪装备	▲	▲	●
		侦察装备	○	○	○
		排水装备	▲	▲	▲
		多功能救援装备	○	○	○
		通信指挥装备	●	○	○
	工程机械装备	土方装备	▲	▲	▲
		起重装备	●	●	●
		运输装备	●	●	●
	后勤保障装备	发电装备	▲	▲	▲
		照明装备	●	●	●
		生活保障装备	○	○	○
		油料保障装备	○	○	○
		维修保障装备	○	○	○
应急物资		人员防护物资	▲	▲	▲
		生活保障物资	▲	▲	▲
		作业辅助物资	▲	▲	▲

注："▲"表示应配置，"●"表示宜配置，"○"表示可配置。

7.3 配置数量

7.3.1 应急装备和应急物资的配置数量应满足同时处置至少 2 个相应等级灾害点的要求。

7.3.2 国家区域性公路交通应急装备物资储备中心的应急装备和应急物资配置数量宜符合表 7.3.2 的规定，并应根据辐射区域内公路交通突发事件类型特点、发生频率以及应急响应时效要求等确定。对于符合辐射区域内公路交通突发事件应急处置特点的专业应急装备，应增加储备数量。

表 7.3.2 国家区域性公路交通应急装备物资储备中心应急装备和应急物资配置数量

类别			西部	中部	东部
应急装备	应急处置装备	桥梁装备	≥3	≥2	≥2
		除冰雪装备	≥3	≥3	≥2
		侦察装备	≥3	≥1	≥1
		排水装备	≥4	≥4	≥4
		多功能救援装备	≥3	≥3	≥1
		通信指挥装备	≥6	≥4	≥4
	工程机械装备	土方装备	≥4	≥3	≥3
		起重装备	≥3	≥2	≥2
		运输装备	≥3	≥2	≥1
	后勤保障装备	发电装备	≥1	≥1	≥1
		照明装备	≥1	≥1	≥1
		生活保障装备	≥1	≥1	≥1
		油料保障装备	≥1	≥1	≥1
		维修保障装备	≥1	≥1	≥1
应急物资		根据实际需求配置			

注：各类应急装备的具体配置种别，由各地根据实际需求确定。

条文说明

西部地区重大灾害种类多且易发频发，已有的应急处置力量相对薄弱，因此适当提高其应急装备配置数量要求。

7.3.3 省级、地市级公路交通应急装备物资储备中心应统筹考虑已有应急装备和应急物资储备情况，根据实际需求确定配置数量。

8 运营维护

8.0.1 公路交通应急装备物资储备中心应定期检查应急装备和应急物资的储备情况,确保应急装备和应急物资储备充足、功能正常。

8.0.2 应急装备应及时保养、维修和更新,保持良好的技术状态和工作能力。

8.0.3 采取协议储备或者生产能力储备的,应确保应急装备和应急物资在紧急情况下的生产和供给,加强周期性管理。

8.0.4 公路交通应急装备物资储备中心应建立公路交通应急装备物资管理系统,通过数字化管理手段,达到科学管理、高效调度、快速响应等目的。

8.0.5 公路交通应急装备物资管理系统功能应符合下列规定:
1 应具备应急装备和应急物资的采购管理、出入库管理、资产管理、调拨管理、跟踪定位、工况管理,以及应急调运、动态跟踪管理等功能。
2 应具备人员的动态管理、调度管理等功能。
3 宜具备应急装备的状况监控、维修保养记录、辅助作业,以及应急物资的存量监控预警等功能。
4 宜具备模拟演练、考核评价、应急培训等功能。
5 宜具备辅助应急装备智能组装、拆卸等功能。

条文说明

可以通过配置与系统功能相匹配的传感器、定位装置等信息化感知设备,不断完善公路交通应急装备物资管理系统的软硬件系统。

8.0.6 国家区域性公路交通应急装备物资管理系统应实现部省互联互通、快速联动。省级、地市级公路交通应急装备物资管理系统应建立统一的数据标准和接口协议,实现"统一标准、一数一源、资源共享"框架下的跨平台联动管理。

8.0.7 公路交通应急装备物资管理系统宜预留接入相关部门管理系统的数据接口，具备互联互通能力。

8.0.8 公路交通应急装备物资管理系统应参照国家信息系统安全等级保护相关标准和规范建立安全保护体系。

附录 A 国家区域性公路交通应急装备物资储备中心形象标识样式及主要参数

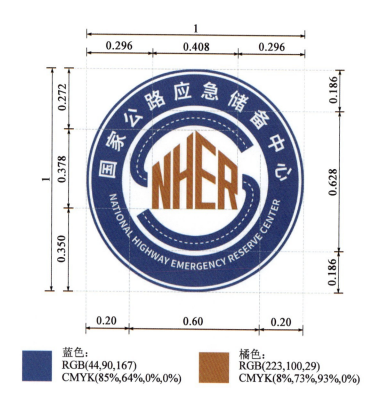

图 A 形象标识样式及主要参数

注：图中的尺寸数字表示比例。标识中的中文字体为思源黑体 bold，色值#ffffff；英文字体为思源黑体 bold，色值#ffffff。

附录B 省级公路交通应急装备物资储备中心形象标识样式及主要参数

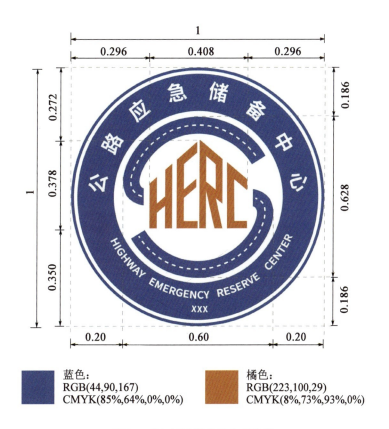

图 B 形象标识样式及主要参数

注：图中的尺寸数字表示比例。标识中的中文字体为思源黑体 bold，色值#ffffff；英文体为思源黑体 bold，色值#ffffff。"×××"是省（区、市）名称，例如"河北省"。

附录 C 国家区域性公路交通应急装备物资储备中心主要应急装备关键参考参数

表 C 主要应急装备关键参考参数

类别		种别	关键技术参数
应急处置装备	桥梁装备	应急机械化桥	轮式轴压荷载≥13t
		应急模块化桥	单跨≥15m，可连续架设；轮式轴压荷载≥13t
		应急动力舟桥	适应流速≥3m/s；轮式轴压荷载≥13t
	除冰雪装备	抛雪机	除雪宽度≥2.5m，抛雪距离≥5m
		吹雪车	吹雪宽度≥3m，吹雪作业速度≥25km/h
		多功能破冰除雪车	发动机功率≥150kW，除雪宽度≥3m，撒布器容积≥9m³，撒布宽度2~12m，除雪作业速度≥25km/h
		除冰机	破冰作业宽度≥3m，单次作业除冰雪最大厚度≥5cm
	侦察装备	固定翼无人机	续航时间≥120min，抗风等级≥6级
		多旋翼无人机	续航时间≥55min，有效荷载≥5kg，平飞速度≥12m/s，抗风等级≥6级
	排水装备	大功率移动式排水泵（车）	额定流量≥3 000m³/h，扬程≥15m
		高扬程移动式排水泵（车）	额定流量≥500m³/h，扬程≥30m
	多功能救援装备	履带式全地形抢险救援工程车	可通过雪地、河流、沼泽等地形，功率≥200kW
		多功能破障装备	功率≥140kW；破障清障能力≥250m³/h
		应急机动路面	路面长度≥100m；最大通行轮式荷载轴压≥13t
		冲锋舟	主机功率不低于四冲程44kW；乘员≥12人，航速≥25节
		动力皮划艇	主机功率不低于29kW；乘员≥12人，航速≥25节
		多功能应急工具车	配备电焊、破拆、破碎、切割等作业功能
	通信指挥装备	应急通信车	具备卫星和5G多模式应急通信、音视频传输、视频会商、指挥调度等功能，配备支持北斗卫星导航系统的定位设备
		应急通信指挥方舱	具备音视频传输、视频会商、指挥调度等功能，容纳人员≥60人
		单兵应急通信装备	具备卫星和5G多模式应急通信、音视频传输等功能

续表 C

类别		种别	关键技术参数
工程机械装备	土方装备	步履式挖掘机	最大爬坡度≥45°，最大步距≥6.5m，最大挖掘力≥120kN
		长臂挖掘机	发动机额定功率≥200kW，配置加长臂后挖掘半径≥22m，挖掘高度≥17m，挖掘深度≥14m，铲斗容量≥0.5m³
		装载机	额定载重量≥5t，最高行驶速度不低于80km/h，转向、制动安全性符合现行《机动车运行安全技术条件》（GB 7258）的规定
		推土机	发动机功率≥260kW，最高行驶速度不低于80km/h，转向、制动安全性符合现行《机动车运行安全技术条件》（GB 7258）的规定
	起重装备	全地面起重机	额定起重量≥130t
	运输装备	自卸汽车	载重≥25t
		平板运输车	功率≥100kW
		高空作业车	最大作业高度≥40m
后勤保障装备	发电装备	电源配电车	发电机组额定功率≥240kW；油箱油量满载持续时间≥10h
		发电机组	发电机组额定功率≥400kW，备用功率≥450kW；油箱油量满载持续时间≥10h
	照明装备	移动照明设备	发电机功率≥60kW，灯杆数量≥2个，灯头数量≥2个，单灯（LED）功率≥2kW 或单灯（卤素）功率≥6kW，抗风等级≥8级，具备雨天作业能力
		应急照明高杆设备	照明功率≥2kW，发电机输出功率≥5kW；照明时长≥8h，升起高度≥8m，抗风等级≥8级
	生活保障装备	净水车	净水量≥2 000L/h
		宿营车	床位数≥16个
		炊事车	保障不少于150人份的主副食供应
	油料保障装备	应急加油车	流量≥100L/min
	维修保障装备	应急维修车	配有牵引装置、吊臂、电动牵引绞盘、液压破拆工具组等

本规范用词用语说明

1 本规范执行严格程度的用词,采用下列写法:

1)表示很严格,非这样做不可的用词,正面词采用"必须",反面词采用"严禁";

2)表示严格,在正常情况下均应这样做的用词,正面词采用"应",反面词采用"不应"或"不得";

3)表示允许稍有选择,在条件许可时首先应这样做的用词,正面词采用"宜",反面词采用"不宜";

4)表示有选择,在一定条件下可以这样做的用词,采用"可"。

2 引用标准的用语采用下列写法:

1)在标准总则中表述与相关标准的关系时,采用"除应符合本规范的规定外,尚应符合国家和行业现行有关强制性标准的规定"。

2)在标准条文及其他规定中,当引用的标准为国家标准和行业标准时,表述为"应符合《××××××》(×××)的有关规定"。

3)当引用本规范中的其他规定时,表述为"应符合本规范第×章的有关规定"、"应符合本规范第×.×节的有关规定"、"应符合本规范第×.×.×条的有关规定"或"应按本规范第×.×.×条的有关规定执行"。

现行公路工程行业标准一览表

(2024年3月)

序号	板块	模块	现行编号	名　　称	定价(元)
1	总体		JTG 1001—2017	公路工程标准体系(14300)	20.00
2			JTG 1002—2022	公路工程行业标准制修订管理导则(18218)	40.00
3			JTG 1003—2023	公路工程行业标准编写导则(18257)	40.00
4	通用	基础	JTG B01—2014	公路工程技术标准(活页夹版,11814)	98.00
				公路工程技术标准(平装版,11829)	68.00
5			JTG 2111—2019	小交通量农村公路工程技术标准(15372)	50.00
6			JTG 2112—2021	城镇化地区公路工程技术标准(17752)	50.00
7			JTG 2120—2020	公路工程结构可靠性设计统一标准(16532)	50.00
8			建标[2011]124号	公路工程项目建设用地指标(09402)	36.00
9			JTG F80/1—2017	公路工程质量检验评定标准 第一册 土建工程(14472)	90.00
10			JTG 2182—2020	公路工程质量检验评定标准 第二册 机电工程(16987)	60.00
11		安全	JTG B05—2015	公路项目安全性评价规范(12806)	45.00
12			JTG B05-01—2013	公路护栏安全性能评价标准(10992)	30.00
13			JTG/T 2213—2023	公路大件运输安全通行评价技术规范(18523)	60.00
14			JTG B02—2013	公路工程抗震规范(11120)	45.00
15			JTG/T 2231-01—2020	公路桥梁抗震设计规范(16483)	80.00
16			JTG/T 2231-02—2021	公路桥梁抗震性能评价细则(16433)	40.00
17			JTG 2232—2019	公路隧道抗震设计规范(16131)	60.00
18			JTG F90—2015	公路工程施工安全技术规范(12138)	68.00
19		绿色	JTG B03—2006	公路建设项目环境影响评价规范(13373)	40.00
20			JTG B04—2010	公路环境保护设计规范(08473)	28.00
21			JTG/T 2321—2021	公路工程利用建筑垃圾技术规范(17536)	40.00
22			JTG/T 2340—2020	公路工程节能规范(16115)	30.00
23		智慧	JTG/T 2420—2021	公路工程信息模型应用统一标准(17181)	50.00
24			JTG/T 2421—2021	公路工程设计信息模型应用标准(17179)	80.00
25			JTG/T 2422—2021	公路工程施工信息模型应用标准(17180)	70.00
26			JTG/T 2430—2023	公路工程设施支持自动驾驶技术指南(19031)	40.00
27	建设	勘测	JTG C10—2007	公路勘测规范(06570)	40.00
28			JTG/T C10—2007	公路勘测细则(06572)	42.00
29			JTG C20—2011	公路工程地质勘察规范(09507)	65.00
30			JTG/T C21-01—2005	公路工程地质遥感勘察规范(0839)	17.00
31			JTG/T C21-02—2014	公路工程卫星图像测绘技术规程(11540)	25.00
32			JTG/T 3221-04—2022	公路跨海通道工程地质勘察规程(18076)	70.00
33			JTG/T 3222—2020	公路工程物探规程(16831)	60.00
34			JTG 3223—2021	公路工程地质原位测试规程(17325)	100.00
35			JTG C30—2015	公路工程水文勘测设计规范(12063)	70.00
36		设计	JTG/T 3310—2019	公路工程混凝土结构耐久性设计规范(15635)	50.00
37			JTG/T 3311—2021	小交通量农村公路工程设计规范(17487)	60.00
38			JTG D20—2017	公路路线设计规范(14301)	80.00
39			JTG/T D21—2014	公路立体交叉设计细则(11761)	60.00
40			JTG D30—2015	公路路基设计规范(12147)	98.00
41			JTG/T D31—2008	沙漠地区公路设计与施工指南(1206)	32.00
42			JTG/T D31-02—2013	公路软土地基路堤设计与施工技术细则(10449)	40.00
43			JTG/T 3331-03—2024	采空区公路设计与施工技术规范(4722)	50.00
44			JTG/T 3331-04—2023	多年冻土地区公路设计与施工技术规范(18518)	80.00
45			JTG/T D31-05—2017	黄土地区公路路基设计与施工技术规范(13994)	50.00
46			JTG/T D31-06—2017	季节性冻土地区公路设计与施工技术规范(13981)	45.00
47			JTG/T 3331-07—2024	公路膨胀土路基设计与施工技术规范(4709)	60.00
48			JTG/T 3331-08—2022	盐渍土地区公路路基设计与施工技术细则(18515)	60.00
49			JTG/T D32—2012	公路土工合成材料应用技术规范(09908)	50.00
50			JTG/T D33—2012	公路排水设计规范(10337)	40.00
51			JTG/T 3334—2018	公路滑坡防治设计规范(15178)	55.00
52			JTG D40—2011	公路水泥混凝土路面设计规范(09463)	40.00
53			JTG D50—2017	公路沥青路面设计规范(13760)	50.00
54			JTG/T 3350-03—2020	排水沥青路面设计与施工技术规范(16651)	50.00
55			JTG D60—2015	公路桥涵设计通用规范(12506)	40.00
56			JTG/T 3360-01—2018	公路桥梁抗风设计规范(15231)	75.00
57			JTG/T 3360-02—2020	公路桥梁抗撞设计规范(16435)	40.00
58			JTG/T 3360-03—2018	公路桥梁景观设计规范(14540)	40.00
59			JTG D61—2005	公路圬工桥涵设计规范(13355)	30.00
60			JTG 3362—2018	公路钢筋混凝土及预应力混凝土桥涵设计规范(14951)	90.00
61			JTG 3363—2019	公路桥涵地基与基础设计规范(16223)	90.00
62			JTG D64—2015	公路钢结构桥梁设计规范(12507)	80.00
63			JTG/T D64-01—2015	公路钢混组合桥梁设计与施工规范(12682)	45.00
64			JTG/T 3364-02—2019	公路钢桥面铺装设计与施工技术规范(15637)	50.00
65			JTG/T 3365-01—2020	公路斜拉桥设计规范(16365)	50.00
66			JTG/T 3365-02—2020	公路涵洞设计规范(16583)	50.00
67			JTG/T D65-05—2015	公路悬索桥设计规范(12674)	55.00
68			JTG/T D65-06—2015	公路钢管混凝土拱桥设计规范(12514)	40.00
69			JTG/T 3365-05—2022	公路装配式混凝土桥梁设计规范(17885)	60.00
70			JTG 3370.1—2018	公路隧道设计规范 第一册 土建工程(14639)	110.00
71			JTG D70/2—2014	公路隧道设计规范 第二册 交通工程与附属设施(11543)	50.00
72			JTG/T D70—2010	公路隧道设计细则(08478)	66.00

序号	板块	模块	现行编号	名称	定价(元)
73	建设	设计	JTG/T D70/2-01—2014	公路隧道照明设计细则(11541)	35.00
74			JTG/T D70/2-02—2014	公路隧道通风设计细则(11546)	70.00
75			JTG/T 3371—2022	公路水下隧道设计规范(17889)	120.00
76			JTG/T 3371-01—2022	公路沉管隧道设计规范(18063)	70.00
77			JTG/T 3374—2020	公路瓦斯隧道设计与施工技术规范(16141)	60.00
78			JTG D80—2006	高速公路交通工程及沿线设施设计通用规范(0998)	25.00
79			JTG D81—2017	公路交通安全设施设计规范(14395)	60.00
80			JTG/T D81—2017	公路交通安全设施设计细则(14396)	90.00
81			JTG/T 3381-02—2020	公路限速标志设计规范(16696)	40.00
82			JTG D82—2009	公路交通标志和标线设置规范(07947)	116.00
83			JTG/T 3383-01—2020	公路通信及电力管道设计规范(16686)	40.00
84			JTG/T L11—2014	高速公路改扩建设计细则(11998)	45.00
85			JTG/T L80—2014	高速公路改扩建交通工程及沿线设施设计细则(11999)	30.00
86			JTG/T 3392—2022	高速公路改扩建交通组织设计规范(17883)	50.00
87		通用图	JTG/T 3911—2021	装配化工字组合梁钢桥通用图(17771)	3000.00
88			JTG/T 3912—2022	装配化箱形组合梁钢桥通用图(18348)	3000.00
89		试验	JTG E20—2011	公路工程沥青及沥青混合料试验规程(09468)	106.00
90			JTG 3420—2020	公路工程水泥及水泥混凝土试验规程(16989)	100.00
91			JTG 3430—2020	公路土工试验规程(16828)	120.00
92			JTG 3431—2024	公路工程岩石试验规程(4702)	40.00
93			JTG 3432—2024	公路工程集料试验规程(4704)	100.00
94			JTG E50—2006	公路工程土工合成材料试验规程(13398)	40.00
95			JTG 3441—2024	公路工程无机结合料稳定材料试验规程(4703)	80.00
96			JTG 3450—2019	公路路基路面现场测试规程(15830)	90.00
97		检测	JTG/T 3512—2020	公路工程基桩检测技术规程(16482)	60.00
98			JTG/T 3520—2021	公路机电工程测试规程(17414)	60.00
99			JTG/T 4320—2022	公路车辆动态称重检测系统技术规范(18265)	30.00
100		施工	JTG/T 3610—2019	公路路基施工技术规范(15769)	80.00
101			JTG/T F20—2015	公路路面基层施工技术细则(12367)	45.00
102			JTG/T F30—2014	公路水泥混凝土路面施工技术细则(11244)	60.00
103			JTG F40—2004	公路沥青路面施工技术规范(05328)	50.00
104			JTG/T 3650—2020	公路桥涵施工技术规范(16434)	125.00
105			JTG/T 3650-01—2022	公路桥梁施工监控规程(18268)	40.00
106			JTG/T 3650-02—2019	特大跨径公路桥梁施工测量规范(15634)	80.00
107			JTG/T 3651—2022	公路钢结构桥梁制造和安装施工规范(17884)	80.00
108			JTG/T 3652—2022	跨海钢梁桥大节段施工技术规程(18075)	30.00
109			JTG/T 3654—2022	公路装配式混凝土桥梁施工技术规范(18231)	60.00
110			JTG/T 3660—2020	公路隧道施工技术规范(16488)	100.00
111			JTG/T 3671—2021	公路交通安全设施施工技术规范(17000)	50.00
112			JTG/T F72—2011	公路隧道交通工程与附属设施施工技术规范(09509)	35.00
113		监理	JTG G10—2016	公路工程施工监理规范(13275)	40.00
114		造价	JTG 3810—2017	公路工程建设项目造价文件管理导则(14473)	50.00
115			JTG/T 3811—2020	公路工程施工定额测定与编制规程(16083)	60.00
116			JTG/T 3812—2020	公路工程建设项目造价数据标准(16836)	100.00
117			JTG 3820—2018	公路工程建设项目投资估算编制办法(14362)	60.00
118			JTG 3821—2018	公路工程估算指标(14363)	120.00
119			JTG 3830—2018	公路工程建设项目概算预算编制办法(14364)	60.00
120			JTG 3831—2018	公路工程概算定额(14365)	270.00
121			JTG 3832—2018	公路工程预算定额(14366)	300.00
122			JTG/T 3832-01—2022	公路桥梁钢结构工程预算定额(18182)	40.00
123			JTG 3833—2018	公路工程机械台班费用定额(14367)	50.00
124	养护	综合	JTG 5110—2023	公路养护技术标准(4639)	40.00
125			JTG 5120—2021	公路桥涵养护规范(17160)	60.00
126			JTG/T 5122—2021	公路缆索结构体系桥梁养护技术规范(17764)	60.00
127			JTG/T 5124—2022	公路跨海桥梁养护技术规范(18092)	50.00
128			JTG H12—2015	公路隧道养护技术规范(12062)	60.00
129			JTJ 073.1—2001	公路水泥混凝土路面养护技术规范(13658)	20.00
130			JTG 5142—2019	公路沥青路面养护技术规范(15612)	60.00
131			JTG/T 5142-01—2021	公路沥青路面预防养护技术规范(17578)	50.00
132			JTG 5150—2020	公路路基养护技术规范(16596)	40.00
133			JTG/T 5190—2019	农村公路养护技术规范(15430)	30.00
134		检测评价	JTG 5210—2018	公路技术状况评定标准(15202)	40.00
135			JTG/T E61—2014	公路路面技术状况自动化检测规程(11830)	25.00
136			JTG/T H21—2011	公路桥梁技术状况评定标准(09324)	46.00
137			JTG/T J21—2011	公路桥梁承载能力检测评定规程(09480)	20.00
138			JTG/T J21-01—2015	公路桥梁荷载试验规程(12751)	40.00
139			JTG/T 5214—2022	在用公路桥梁现场检测技术规程(18168)	50.00
140			JTG 5220—2020	公路养护工程质量检验评定标准 第一册 土建工程(16795)	80.00
141		养护设计	JTG 5421—2018	公路沥青路面养护设计规范(15201)	40.00
142			JTG/T J22—2008	公路桥梁加固设计规范(07380)	52.00
143			JTG/T 5440—2018	公路隧道加固技术规范(15402)	70.00
144		养护施工	JTG/T F31—2014	公路水泥混凝土路面再生利用技术细则(11360)	30.00
145			JTG/T 5521—2019	公路沥青路面再生技术规范(15839)	60.00
146			JTG/T J23—2008	公路桥梁加固施工技术规范(07378)	40.00
147			JTG/T 5532—2023	公路桥梁支座和伸缩装置养护与更换技术规范(19038)	60.00
148		造价	JTG H30—2015	公路养护安全作业规程(12234)	90.00
149			JTG 5610—2020	公路养护预算编制导则(16733)	50.00
150			JTG/T M72-01—2017	公路隧道养护工程预算定额(14189)	60.00
151			JTG/T 5612—2020	公路桥梁养护工程预算定额(16855)	50.00
152			JTG/T 5640—2020	农村公路养护预算编制办法(16302)	70.00
153	运营	收费服务	JTG 6310—2022	收费公路联网收费技术标准(18175)	110.00
154			JTG 6303.1—2017	收费公路移动支付技术规范 第一册 停车移动支付(14380)	20.00
155			JTG B10-01—2014	公路电子不停车收费联网运营和服务规范(11566)	30.00
156		应急处置	JTG/T 6420—2024	公路交通应急装备物资储备中心技术规范(19437)	20.00